Inhalt

Multisensuales Marketing - Botschaften für alle Sinne

Kernthesen

Beitrag

Fallbeispiele

Weiterführende Literatur

Impressum

Multisensuales Marketing - Botschaften für alle Sinne

K.Zirkel

Kernthesen

- Studien haben gezeigt: Die Markenbindung der Verbraucher ist um so stärker, je mehr Sinne die Werbung anspricht.
- Häufig unterschätzt wird das Duftmarketing - dabei bleiben Düfte nach Untersuchungen von Hirnforschern viel stärker in Erinnerung als ein Slogan.
- Kritiker werfen Werbungtreibenden jedoch Manipulation vor und warnen vor den gesundheitlichen Gefahren des Duftmarketing.

Beitrag

Durch die Ansprache aller fünf Sinne lässt sich Markenbildung wirksamer und erfolgreicher gestalten. Diese Erkenntnis setzt sich bei Marketingverantwortlichen immer häufiger durch.

Durch die Reizüberflutung in den Medien und den verschärften Wettbewerb bei Produkten wird es immer schwieriger, Marken in den Köpfen der Konsumenten zu verankern. Integrierte Kommunikation, das heißt die Ansprache modalitätsspezifischer Reize wie beispielsweise aller fünf Sinne, ist eine Möglichkeit, das Image einer Marke im Gedächtnis der Zielgruppe zu verwurzeln.

Doch die meisten Marketinginstrumente sprechen gerade einmal zwei der fünf Sinne an, das Sehen und Hören. 83 Prozent der Marketingkommunikation erfolgt visuell, vor allem in Form von Fernsehspots und Anzeigen in Printmedien. Durch die eingeschränkte Ansprache der Sinne werden nach Ansicht von Marketingexperten große Potenziale der Wahrnehmung durch die Zielgruppe und damit der Markeninszenierung verschenkt. So hat die Studie 5-Sense-Branding - Multisensorische Markenbindung gezeigt, dass die Markenbindung der Verbraucher um so stärker ist, je mehr Sinne die Werbung anspricht.

Das gilt nicht nur für die von der klassischen Werbung angesprochenen Sinne Hören und Sehen, sondern vor allem für die von Marketingentscheidern bislang kaum entdeckten Sinne Fühlen, Riechen und Schmecken. Hirnforscher haben herausgefunden, dass die Aufmerksamkeit der Zielgruppe und damit der Wiedererkennungseffekt einer Marke um so größer ist, je mehr Sinne parallel angesprochen werden. Oftmals reicht für die Wiedererkennung nur ein Stimulus, um das gesamte Wissen der Konsumenten über die Marke zu aktivieren. (1), (2), (3)

Immer mehr Unternehmen nutzen auch akustische Elemente, um bei ihren Kunden Gehör zu finden, vor allem in der Fernseh- und Radiowerbung, im Bereich Telekommunikation, Internet sowie am Point of Sale selbst. Neben den Jingles ist das musikalische Markenthema, das in Anlehnung an die Markenwerte individuell komponiert wird, ein wichtiger Baustein in der akustischen Markenstrategie. Entscheidend ist auch der Klang des Produkts selbst. So untersuchen Forscher etwa, wie Bier möglichst erfrischend aus der Flasche gluckert und das Würstchen beim Hereinbeißen appetitlich knackt. Zwar sind derzeit gerade einmal 188 Hörmarken - gegen 30 000 Bildmarken - eingetragen, doch der Trend zum akustischen Marketing setzt sich fort. Einer Studie der Audio Consulting Group zufolge sehen zwei

Drittel der Befragten in der Ansprache eines weiteren Sinnes die Möglichkeit, das Erfolgspotenzial der Markenkommunikation zu erhöhen; 38 Prozent der Unternehmen planen ihre Marke künftig auf akustische Weise zu ergänzen. (4)

Düfte steigern die Kaufbereitschaft

Besonders häufig unterschätzt wird nach Meinung von Experten der Geruchssinn, vor allem in der Kommunikation am Point of Sale - dabei bleiben Düfte beim Konsumenten viel stärker in Erinnerung als ein Slogan. Denn die Wirkung von Aromen ist intensiver als jede andere Sinnesreizung und wird vom menschlichen Gehirn unbewusst wahrgenommen. So werden rund 75 Prozent aller Emotionen durch Düfte aktiviert. 350 verschiedene Rezeptoren registrieren die Riechstoffe in der Nase, die zugehörigen Nervenfasern reichen direkt bis ins limbische System im Gehirn, wo die menschlichen Emotionen sitzen. Die Riechrezeptoren befinden sich zudem nicht nur in der Nase, sondern auch im Gehirn, in der Haut, den Muskeln und in der Prostata. Kein Wunder also, dass Gerüche unmittelbar aufs menschliche Gemüt schlagen. So können Duftstoffe beispielsweise aktivierend und einschläfernd wirken, Zitrone etwa macht munter, während Lavendel und Melisse beruhigend wirken. Gerüche sind zudem in der Lage Erinnerungen wach zu rufen, weil sie nie neutral, sondern immer emotional und zugleich objektbezogen sind. Ein skurriles Beispiel dafür sind Neuwagendüfte, die nach Leder und Kunststoff riechen. Sie sollen beim Kunden das positive Erlebnis vom letzten Neuwagenkauf hervorrufen und damit die Freude, sich das erste Mal ans Steuer zu setzen.

Studien haben gezeigt, dass angenehme Düfte die Aufenthaltsdauer der Konsumenten und damit die Kaufbereitschaft steigern. Vor allem in den USA entdecken immer mehr Marketingstrategen die Macht des Geruchs und manipulieren die Luft in Shopping-Malls, Hotellobbys und Autohäusern mit dem Ziel das Wohlbefinden der Kunden zu steigern und deren Kaufbereitschaft anzuregen. Zwar ist der visuelle Eindruck der Konsumenten oftmals stärker, doch in der Kombination mit anderen Sinneswahrnehmungen wird die Wirkung verstärkt. Düfte unterstreichen die Werbeaussage und können sogar den Wert des Produkts steigern, wenn etwa Kunststoffsitze im Auto nach Leder riechen. [(5)](), [(6)](), [(7)]()

Was Werbungtreibende Stimulation nennen, grenzt für Kritiker jedoch bereits an Manipulation. Gegner des Duftmarketings sehen im heimlichen Zerstäuben von Düften einen Verstoß gegen Marketinggrundsätze, solange die Kunden darüber nicht informiert werden. Gesundheitsbehörden lehnen Beduftungsanlagen in öffentlichen Gebäuden ab, und auch der deutsche Allergie- und Asthmabund warnt vor den Risiken des Duftmarketings. Denn weder die Wirkung noch die Gefahren, die von künstlichen Düften ausgehen können, sind bislang hinreichend erforscht. Versuche haben gezeigt, dass manche Duftstoffe in der Lage sind Allergien hervorzurufen: So finden sich verschiedene Duftmoleküle zu neuartigen Stoffen zusammen, die bei empfindlichen oder chemikaliensensiblen Menschen bereits bei geringer Dosis Allergien und Asthma auslösen können. Im harmlosesten Fall kann ein solcher Geruchscocktail schlichtweg stinken: So fühlte sich jüngst eine Kundin des Hotels Four Points by Sheraton in San Francisco durch den Apfel-Zimt-Geruch in der Lobby belästigt, der in Verbindung mit dem im Aufzug benutzten Reinigungsmittel statt nach Kuchen, nach Erbrochenem stank. (5), (6)

Fallbeispiele

Um Patienten in Arztpraxen die Angst vor der Spritze

zu nehmen, hat die Firma **Reima Airconcept GmbH** aus Zwickau den Duft Patience, eine Mischung aus Apfel-, Vanille- und Lavendelaromen, entwickelt. Der Duft von Vanille soll Patienten an ihre Kindheit erinnern und dadurch ein Gefühl von Vertrautheit hervorrufen; der Apfelduft wird als Angstblocker eingesetzt, denn mit diesem Duft wird in der Regel nichts Böses verbunden, Lavendel hat eine ausgleichende, beruhigende Wirkung. Der Duft kommt vor allem in Kinder- und Zahnarztpraxen zum Einsatz - schon allein, um den typischen Praxis-Geruch, der bei vielen Patienten bereits Angst auslöst, zu überspielen. (7)

Die ersten zehn Minuten in einem Hotel sind entscheidend, ob sich ein Gast wohl fühlt. So versieht die amerikanische Hotelkette **Starwood** jede ihrer acht Hotelmarken, zu der beispielsweise die Ketten Sheraton und Westin gehören, mit drei Kerneigenschaften, denen Details wie Klänge, Gerüche und Design untergeordnet sind. So stehen die Westin-Hotels für Wellness und Erholung, entsprechend ertönen Bossa-Nova- und Jazzmusik und zum Stressabbau trägt der eigens kreierte Raumduft White Tea bei. Potenzielle Kunden können die Hotels wie bei einer Parfumprobe probieriechen, indem die Anzeigen für Westin-Hotels mit einem Duftstreifen versehen sind. Ziel der Duftmarketing-Kampagne ist, dass sich der Gast später zu Hause wie im Hotel fühlt. So wird der Raumduft White Tea als Raumparfum, Öl und Duftkerze verkauft. (8)

Gäste der amerikanischen Hotelgruppe Omni können künftig Werbeanzeigen der amerikanischen Coffee-Shop-Kette **Starbucks** sehen und zugleich riechen. Auf der Titelseite der Tageszeitung USA Today, die die Gäste kostenlos in ihr Zimmer geliefert bekommen, ist ein nach Blaubeere duftender Aufkleber befestigt mit der Einladung an den Leser, den Tag mit einer Tasse Starbucks Kaffee und einem Blaubeermuffin zu beginnnen. Diese Form des Duftmarketings ist eine Gemeinschaftsaktion der Hotelgruppe Omni mit der Kaffeehauskette, die Idee stammt von der Tageszeitung USA Today selbst, die mit dieser Aktion neue Anzeigenkunden locken will. (9)

Auch Kinowerbung können Zuschauer künftig nicht nur sehen und hören, sondern auch riechen. Die Firma **CineScent** hat ein System entwickelt, das in der Lage ist Kinospots über die Kimaanlage zu beduften. Vor wenigen Wochen feierte das Unternehmen Premiere mit einem einminütigen Spot für die Sonnencreme der Kosmetikmarke Beiersdorf. Zu sehen war eine sommerliche Strandszene mit Sonnenanbetern, die ihre Füße in den Strand streckten, die vorbei ziehenden Möwen beobachteten und dem Rauschen des Meeres lauschten - Slogan: So riecht der Sommer. Nivea Sun. Ab 15. November soll die beduftete Werbung in 15 deutschen Multiplexkinos zu sehen sein. Erste Testergebnisse geben Marketingverantwortlichen Anlass zur Hoffnung: Die Erinnerungswerte für den bedufteten Nivea-Film lagen mit knapp 40 Prozent etwa fünf Mal so hoch wie die bei einem unbedufteten Werbefilm. (10)

Weiterführende Literatur

(1) Riechen stärkt Markenbindung
aus HORIZONT 22 vom 31.05.2007 Seite 019

(2) Marketing mit allen Sinnen - eine gute Idee?
aus Absatzwirtschaft Nr. 07 vom 01.07.2007 Seite 006

(3) Esch, Franz-Rudolf / Rempel, Jan Eric, Integration von Duftstoffen in die Kommunikation zur Stärkung von Effektivität und Effizienz des Markenaufbaus, Marketing - Zeitschrift für Forschung und Praxis, Nr. 3/2007, S. 145-162
aus Absatzwirtschaft Nr. 07 vom 01.07.2007 Seite 006

(4) Marken-Sounds
aus Absatzwirtschaft Nr. 08 vom 01.08.2007 Seite 006

(5) Dowideit, Martin, Botschaft für die Nase, Welt am Sonntag, 1.07.2007, Nr. 26, S. 33
aus Absatzwirtschaft Nr. 08 vom 01.08.2007 Seite 006

(6) An der Nase verführen
aus Frankfurter Allgemeine Zeitung, 01.03.2007, Nr. 51, S. 21

(7) Der Duft des Konsums Der Duft des Konsums
Gerüche wirken direkt auf das Emotionszentrum des Gehirns. Das machen sich Marketingstrategen zunutze. Sie kreieren Düfte, um den Kunden im Supermarkt Lust auf Einkaufen zu machen
aus DIE WELT, 12.05.2007, Nr. 110, S. W3

(8) Orth, Stephan, Wie riecht ein Zimmermädchen im Hilton?, Spiegel Online, 12.03.2007
aus DIE WELT, 12.05.2007, Nr. 110, S. W3

(9) Der süße Duft der Werbung
aus Der Kontakter Nr. 15 vom 10.04.2007 Seite 012

(10) Grill, Stephanie, Dufte Kinowerbung, werben und verkaufen, Nr. 37, 13.09.2007, S. 34
aus werben und verkaufen Nr. 37 vom 13.09.2007 Seite 034

Impressum

Multisensuales Marketing - Botschaften für alle Sinne

Bibliografische Information der deutschen Nationalbibliothek

Die Deutsche Nationalbibliothek verzeichnet diese Publikation in der deutschen Nationalbibliografie; detaillierte bibliografische Daten sind im Internet über http://dnb.d-nb.de abrufbar.

ISBN: 978-3-7379-0744-6

© 2015 GBI-Genios Deutsche Wirtschaftsdatenbank GmbH, Freischützstraße 96, 81927 München, www.genios.de

Alle Rechte vorbehalten. Dieses Werk ist einschließlich aller seiner Teile – z.B. Texte, Tabellen und Grafiken - urheberrechtlich geschützt. Jede Verwertung außerhalb der Grenzen des Urheberrechtsgesetzes bedarf der vorherigen Zustimmung des Verlags. Dies gilt insbesondere auch für auszugsweise Nachdrucke, fotomechanische Vervielfältigungen (Fotokopie/Mikroskopie), Übersetzungen, Auswertungen durch Datenbanken oder ähnliche Einrichtungen und die Einspeicherung und Verarbeitung in elektronischen Systemen.